Mini s'occupe de tout

Christine Nöstlinger

Prix Hans Christian Andersen

Mini s'occupe de tout

Illustrations de Claire Le Grand

Traduction de Marie-Claude Auger

HACHETTE

L'édition originale de ce roman
a paru en langue allemande chez
DACHS-VERLAG GMBH, Vienne,
sous le titre :
MINI ALS HAUSFRAU

Hachette Livre, 43, quai de Grenelle, 75015 Paris.

Mini s'occupe de tout

Voici Hermine Dubois, que tout le monde appelle MINI.

Dans quinze jours, c'est la rentrée des classes.

Mini a bientôt sept ans : elle entre en CE1.

Jusqu'à la semaine dernière, Mini était très contente à l'idée de retourner à l'école. Elle était surtout contente de revoir Chloé, sa meilleure amie, qui est assise à côté d'elle en classe ! Et Mme Parel, leur institutrice ! Et les autres enfants de la classe !

Elle se réjouissait même à l'idée de se remettre au travail, car elle commençait à trouver le temps long.

RETROUVEZ Mini
DANS LA BIBLIOTHÈQUE ROSE

Mini a un nouveau grand-père

Mini aux sports d'hiver

Mini et Max le chat

Mini s'occupe de tout

Mini détective

Mini est la meilleure

Mini change d'école

Mini au bord de la mer

Mais des événements imprévus sont venus changer le cours des choses :

Lundi dernier, à dix heures du matin, maman dit à Félix et à Mini :

« Mamie veut que je l'emmène faire des courses au supermarché. Vous venez avec nous ? »

Mini, elle, a horreur des supermarchés et ça ne l'amuse pas du tout de faire des courses.

Félix, lui, eut d'abord

envie de les accompagner.

« J'ai besoin de plein de choses, a-t-il déclaré. Des pièces détachées pour voiture de course, des socquettes rayées vertes et blanches, des Smarties, un canif de poche à six lames, deux CD, etc.

Maman s'écria :

« Arrête, s'il te plaît ! Ce n'est ni Noël ni ton anniversaire, que je sache ! »

Et mamie ajouta :

« Félix ne pense qu'à dépenser de l'argent, c'est insensé ! »

Alors Félix s'est vexé. Il a tapé du pied et leur a lancé :

« Vous pouvez y aller sans moi, vous êtes aussi radines l'une que l'autre ! »

Puis il fila dans sa chambre et claqua la porte derrière lui.

« Ne restez pas trop longtemps ! » dit Mini à sa mère, car elle n'aime pas tellement rester seule à la maison avec son frère, surtout quand il est en colère. En général, il passe sa mauvaise humeur sur elle et elle ne sait pas bien se défendre.

« Promis ! répondit maman, mais il nous faut bien une heure quand même.

— Même un peu plus ! » ajouta mamie.

Après leur départ, Mini s'installa dans le salon devant la télévision. Quand sa mère n'est pas là, Mini en profite. Maman estime en effet que les enfants ne doivent pas regarder la télévision plus d'une heure par jour. Et elle se fâche toujours quand Félix et Mini restent trop longtemps devant le poste.

Mini regarda un vieux film

d'amour puis elle éteignit en se disant :

« Maman ne va pas tarder à rentrer. Il vaut mieux qu'elle ne remarque pas que j'ai regardé la télévision, sinon, ce soir, je n'y aurai plus droit ! »

Puis elle alla dans sa chambre. Elle enleva la poussière de ses voitures de collection et des livres qui se trouvaient sur l'étagère. Elle mit un peu d'ordre dans sa caisse de Legos et elle s'amusa à coiffer ses trois poupées préférées : elle fit une queue de cheval à Hortense, une tresse à Dorothée et des boucles à Céline. Puis elle voulut brosser Max, son chat. Mais Max n'était pas d'accord et il sauta sur l'armoire. Alors Mini alla dans la cuisine chercher des friandises pour chats avec lesquelles elle comptait bien attirer Max. Il est tellement gourmand ! En général, il suffit d'agiter la boîte pour qu'il arrive en courant.

Dans la cuisine, Mini leva

les yeux vers la pendule et s'aperçut que les aiguilles étaient toutes les deux sur le 12. Déjà midi!

Mini songea que sa mère et sa grand-mère étaient parties à dix heures. Elles avaient dit qu'elles mettraient une heure! Ou un peu plus longtemps! Et cela faisait déjà deux heures qu'elles étaient en route! Que pouvaient-elles bien faire pendant tout ce temps?

Mini rentra dans sa chambre en secouant la boîte de friandises. Max sauta de l'armoire et vint se frotter contre elle, mais dès qu'il aperçut la brosse que Mini tenait dans l'autre main, il fit demi-tour et

grimpa de nouveau sur son perchoir.

Max n'est pas gourmand au point de se laisser brosser pour quelques friandises !

Alors Mini prit sur l'étagère son livre préféré : *Alice au pays des merveilles.* Elle venait juste de finir le premier chapitre quand Félix entra en trombe dans sa chambre en gémissant :

« Quand est-ce qu'elles arrivent ? J'ai une faim de loup ! Il est déjà midi et demi !

— Comment veux-tu que je le sache ? Avant que mamie ait trouvé tout ce qu'elle cherche, ça peut durer longtemps, tu sais !

— Mais pas une éternité quand même ! » s'écria Félix.

Mini referma son livre et regarda son frère. Il avait l'air inquiet.

« Qu'est-ce que tu as ? » lui demanda-t-elle.

Il se mordilla la lèvre inférieure puis murmura :

« Tu crois qu'il leur est arrivé quelque chose ? »

Mini se dressa sur son lit.

« Que veux-tu dire ?

— Peut-être qu'elles se sont fait attaquer ! Maman avait

beaucoup d'argent sur elle, expliqua Félix, et les gens qui ont beaucoup d'argent sur eux se font souvent attaquer !

— Pas en plein jour! lui fit observer Mini.

— Ou elle a peut-être fauché quelque chose, ajouta Félix, et le détective du supermarché s'en est aperçu!

— Alors là ! tu divagues complètement, a répliqué Mini, maman n'est pas une voleuse ! »

Félix s'est assis sur le lit de Mini. Il ne se mordillait plus la lèvre inférieure, mais le pouce droit.

« Maman n'a jamais mis trois

heures pour faire des courses! reprit Félix.

— Deux heures et demie! » corrigea Mini.

Cependant, l'inquiétude la gagnait elle aussi. Soudain, la sonnerie du téléphone retentit.

Félix se précipita dans l'entrée.

Mini l'entendit répéter :

« Oui, papa — oui, papa – oui, papa. »

Elle courut le rejoindre.

« Que se passe-t-il ? » lui demanda-t-elle.

Mais Félix ne répondit pas. Il tenait l'écouteur contre son oreille, secouait la tête et se contentait de répondre :

« Oui, papa — oui, papa — oui, papa. »

Lorsqu'il raccrocha, il était blanc comme un linge. Sa lèvre inférieure tremblait légèrement, ses mains aussi.

« Dis-moi enfin ce qui se passe ! » supplia Mini.

Mais Félix se contenta de dire :

« Papa arrive tout de suite ! »

D'habitude, papa ne rentre jamais à midi ! Il lui faut presque une heure pour aller à son travail ! Soudain Mini sentit ses genoux se mettre à flageoler et ses mains devenir toutes moites.

« Maman et mamie ont eu un accident avec la voiture, lui expliqua enfin Félix ; un idiot leur est rentré dedans ! »

Mini avala sa salive. Elle avait le sentiment que ses genoux refusaient de la porter et fut obligée de s'asseoir par terre.

« Papa a appelé de l'hôpital, continua Félix, maman et mamie ont eu de la chance ! Mamie a quelques côtes cassées et pour maman, ce n'est pas trop grave non plus, on est en train de la plâtrer !

— Qu'est-ce qu'on lui plâtre ? demanda Mini.

— Je ne sais pas ! » se contenta de répondre Félix.

Puis il s'assit par terre à côté de Mini et il se mit à pleurer :

« Et moi qui lui ai dit des méchancetés tout à l'heure ! »

Mini passa un bras autour des épaules de son frère et se mit à pleurer, elle aussi.

Lorsque leur père arriva, ils étaient encore tous les deux assis par terre dans l'entrée. Ils ne pleuraient plus mais ils avaient encore les yeux rouges.

Papa leur dit :

« Ce n'est pas si grave, les enfants ! Maman et mamie ne vont pas tarder à revenir en pleine forme ! Je vous donne ma parole ! En attendant, il va falloir que nous nous débrouillions tout seuls ! »

Puis il ajouta qu'il ne pouvait pas prendre de vacances en ce moment parce qu'il avait un travail fou au bureau. Il espérait que Félix et Mini seraient gentils et l'aideraient à la maison. Autant qu'ils le pourraient, bien sûr ! Il souhaitait que, pendant son séjour à l'hôpital, maman n'ait pas de souci à se faire pour la maison.

Mini promit à son père de l'aider. Félix marmonna quelque chose comme « O.K ! » en faisant une espèce de grimace. Mini se dit qu'elle allait sûrement avoir des problèmes avec lui !

Mais elle ne se doutait pas de la tournure que cela allait prendre !!

Dès le mardi, la première dispute éclata. Au petit déjeuner, papa leur dit :

« Soyez gentils et achetez-vous quelque chose pour le déjeuner. Moi, je m'occupe du dîner ! N'oubliez pas de tout ranger après déjeuner et de faire la vaisselle. C'est bon ?

— C'est bon ! » promit Mini.

Mais à peine leur père eut-il tourné les talons que Félix prit son maillot de bain et lança :

« Je vais à la piscine ! »

Mini lui cria :

« Nous devons faire les courses et ranger la cuisine ! »

Mais Félix lui rétorqua :

« Il n'y a presque rien à faire ! Tu t'en sortiras très bien toute seule ! »

Et il disparut. Mini lava la vaisselle de la veille et celle du petit déjeuner. Puis elle rangea le salon, fit le lit de papa et partit faire les courses.

Félix rentra pour déjeuner. Il lança son maillot mouillé par terre dans l'entrée, s'assit à table et demanda :

« Alors, qu'est-ce qu'on mange ? »

Mini mit deux assiettes sur la table et posa sur chaque assiette un sandwich au jambon avec un cornichon.

« Un sandwich ! J'en ai déjà mangé un à la piscine ! Tu n'as pas autre chose ?

— Si ça ne te convient pas, tu n'as qu'à faire les courses toi-même ! » répondit Mini.

Alors Félix lui lança :

« Les courses sont une affaire de femmes ! »

Mini lui dit alors :

« O.K. ! Je m'occupe des courses, mais toi, tu nettoies la salle de bains tous les jours !

— Pourquoi moi ?

— Parce que c'est toi qui la salis le plus le matin !

— Mais j'ai du travail, moi !

— Quel travail ?

— Pour l'école !

— Pour l'école ? Pendant les vacances ?

— Je dois me préparer pour la rentrée ! »

Il avala le reste de son sandwich, le cornichon, et disparut dans sa chambre.

Mini se dirigea en soupirant vers la salle de bains. Elle enleva les éclaboussures de dentifrice sur la glace, ramassa les serviettes mouillées, nettoya les bords du lavabo, referma le tube de

dentifrice, sortit le savon de la baignoire et pensa :

« Ce soir, je vais dire à papa que Félix ne veut rien faire ! »

Pourtant, lorsque son père rentra, Mini ne dit rien. Elle ne voulait pas jouer les rapporteuses. Mais elle pensa : « Demain, cela ne se passera pas comme ça ! Il a intérêt à m'aider ! »

Le lendemain matin — le mercredi —, Mini déclara à son frère au petit déjeuner :

« Maintenant, nous allons

nous répartir les tâches de la journée ! »

Elle mit une feuille de papier et un crayon sous le nez de Félix et commença :

« Toi, tu écris ce que tu as à faire, pour ne pas oublier ! Alors, qu'est-ce que tu choisis ? »

Félix mordillait le crayon sans rien dire.

Son père l'encouragea :

« Eh bien, mon fils ? Tu veux que je te donne des idées ?

— Non, non ! Je vais me

débrouiller tout seul ! Tiens, je vais descendre la poubelle !

— Et quoi encore ? demanda papa.

— Je vais ranger ma chambre !

— Et quoi encore ?

— Ça ne suffit pas ? demanda Félix en fronçant les sourcils.

— Tu pourrais nettoyer la salle de bains, dit papa, et aller faire les courses.

— Et Mini, qu'est-ce qui lui restera ? fit Félix, indigné.

— Je vais ranger le salon,

la chambre des parents, faire la vaisselle ! proposa Mini.

— Ça fait moins que moi ! s'exclama Félix.

— Premièrement, ça ne fait pas moins et deuxièmement tu es le plus grand ! » dit papa.

Félix ronchonna :

« Je suis seulement le plus grand en âge ! Mais en taille, elle est aussi grande que moi, la grande asperge ! »

En réalité, Félix est très vexé de ne pas être plus

grand que sa « petite » sœur.

Papa frappa du poing sur la table de la cuisine. Il regarda Félix d'un air très fâché et lui dit :

« Mini n'est pas une grande asperge ! C'est toi qui es un minus !

— Maman ne m'aurait jamais dit une chose pareille ! s'écria Félix, les larmes aux yeux.

— Excuse-moi, dit papa, ce n'est pas ce que je voulais dire. Bien sûr que tu n'es pas un minus, mais en tout cas tu es un paresseux ! »

Félix s'essuya les yeux. Puis il se leva, prit la feuille de papier et sortit de la cuisine en marmonnant :

« C'est bon, je ferai ce qu'on a dit ! »

Mini était très fière d'avoir réussi à imposer sa « répartition des tâches ».

Elle se mit tout de suite à l'ouvrage. Elle commença par laver la vaisselle et ranger la cuisine. Puis elle alla dans la chambre faire le lit de papa. Comme le drap faisait des plis, elle décida d'aller frapper à la porte de Félix pour lui demander un coup de main. Il était allongé sur son lit et lisait *Mickey*.

« Tu veux bien venir m'aider à tendre le drap du lit de papa ? Ce serait plus facile à deux.

— D'accord, mais à condition que tu descendes la poubelle ! » répondit Félix.

Il y avait toujours autant

de fouillis dans sa chambre !

« D'accord pour la poubelle ! Allez viens ! »

À deux, ils réussirent à tendre le drap d'une manière

impeccable. Dès que ce fut fait, Félix retourna dans sa chambre.

Mini arrosa les fleurs, mit de l'eau fraîche dans l'écuelle du chat, changea le gravier de sa litière et descendit la poubelle dans la cour.

Puis elle remonta dans sa chambre et écrivit deux lettres. Une pour maman et l'autre pour mamie. Elle les déposerait sur leur table de nuit, demain, quand elle irait les voir à l'hôpital.

Parce que, en général, on oublie les choses les plus importantes que l'on a à dire. Ou alors, on n'ose pas les dire !

Mini écrivit :

Chère mamie,
tu me manques beaucoup !
Même tes réflexions
me manquent !
Je t'embrasse fort.
Mini.

Chère maman,
Je t'aime de tout mon cœur !

Reviens-nous vite !
Je t'embrasse très fort.
Mini.

Quand elle eut fini son courrier, elle frappa à la porte de Félix et lui dit :

« Félix ! Il est bientôt midi ! Va faire les courses et n'oublie pas que tu dois nettoyer la salle de bains ! »

Elle frappa trois fois de suite à sa porte mais, chaque fois, elle eut droit à des injures !

« Ce que tu peux être... »

À deux heures, papa téléphona pour savoir si tout allait bien. Mini avait bien envie de lui dire que rien n'allait et que Félix était vraiment trop paresseux !

Mais à ce moment-là, elle entendit la secrétaire de papa qui lui disait :

« Dépêchez-vous, monsieur Dubois, le directeur vous demande ! »

Elle songea que ce n'était pas le moment d'embêter son père avec ses histoires et lui répondit :

« Ne t'inquiète pas, papa, tout va bien! »

Après avoir raccroché, elle poussa un long soupir et alla nettoyer la salle de bains. Elle venait juste de finir quand Félix émergea en disant :

« Je vais faire les courses! J'ai une faim de loup! »

Il mit dans sa poche l'argent et la liste des courses que papa avait préparés la veille, prit le panier et marmonna :

« Je ne vais jamais pouvoir rapporter tout ce bazar! »

Et sans un mot de remerciement pour Mini qui avait nettoyé la salle de bains à sa place, il sortit de la maison en claquant la porte derrière lui.

Mini attendit Félix dans la cuisine. Elle avait des crampes d'estomac. Elle attendit une demi-heure ! Une heure ! Une heure et demie !

Enfin, Félix arriva.

« Où étais-tu passé ? s'enquit Mini.

— J'ai rencontré Bastien, répondit Félix. J'ai quand

même le droit de parler avec un copain, non? »

Et il sortit du panier tout ce qu'il avait rapporté : dix Carambars, des Smarties, trois tablettes de chocolat, quatre piles pour son baladeur, une grande boîte de glace à la vanille, cinq paquets de gâteaux fourrés au chocolat et deux pizzas surgelées.

Rien de ce que papa avait écrit sur la liste!

Même pas le pain, le lait et le beurre!

« Il n'y avait plus assez d'argent! »

Mini courut dans sa chambre, attrapa sa tirelire et en tira deux billets.

« Voilà! dit-elle en les tendant à Félix, et maintenant, dépêche-toi d'aller chercher ce qu'il y a sur la liste!

— Tu rêves! Tu ne crois quand même pas que je vais aller faire les courses deux fois de suite!

— Parce que tu crois, toi, que papa va manger des Smarties

au dîner et des piles au petit déjeuner?

— Puisque tu sais tout mieux que tout le monde, tu n'as qu'à aller faire tes courses toi-même! »

Ce que Mini fit.

Elle alla à la boulangerie chercher le pain, à l'épicerie, elle prit le lait, le beurre, du dentifrice et des œufs, chez le boucher trois escalopes de veau, chez le marchand de légumes elle acheta une salade et un kilo de pommes de terre. Lorsqu'elle revint à la maison, papa était déjà rentré de son travail. Il était en train de gronder Félix à cause de toutes les sucreries qu'il avait achetées. Il dit à Mini :

« Heureusement que l'on peut compter sur toi ! »

Et il lui remboursa l'argent de sa tirelire !

Vexé, Félix disparut dans le salon où il alluma la télévision. Mini aida papa à éplucher les pommes de terre et à préparer les escalopes panées.

Puis elle mit la table dans la salle de séjour. Quand elle passa devant Félix avec les assiettes, il lui fit un croche-pied. Il s'en fallut de peu que Mini ne s'étale de tout son long avec les assiettes.

« Pourquoi es-tu si méchant avec moi ? lui demanda Mini.

— C'est toi qui es méchante. Tu dis du mal de moi à papa ! » a répondu Félix.

Mini se contenta de secouer la tête. Quand Félix était de cette humeur-là, ce n'était pas la peine de discuter avec lui ! Il était complètement bloqué !

Il resta bloqué comme ça toute la soirée !

Il refusa même de faire une partie de Monopoly avec papa et Mini !

Au moment d'aller se coucher, alors que Mini était en train de se laver les dents devant le lavabo, il entra en trombe dans la salle de bains et la bouscula en disant :

« C'est pas parce que t'es la chouchoute de papa qu'il faut prendre toute la place ! »

Mini cracha le dentifrice dans la baignoire et prit de l'eau à la pomme de douche pour se rincer la bouche.

Félix grogna :

« Sors de là ! Je ne peux pas me laver si tu prends toute la place !

— J'ai autant le droit que toi d'être dans la salle de bains ! » rétorqua Mini.

Et comme elle avait encore du dentifrice dans la bouche, quelques gouttes giclèrent sur Félix qui se mit à hurler qu'il n'avait pas l'intention de se laisser cracher sur le visage par une gamine comme elle. Puis il lui tomba dessus. Mini tenta de se sauver mais Félix la tenait fermement et lui donna une grande claque. En pleine figure !

À ce moment-là, papa entra dans la salle de bains et attrapa Félix par le col de sa chemise.

Pas très tendrement il est vrai ! Mais sans le taper !

Pourtant Félix hurla :

« C'est dégoûtant ! Elle me crache dessus et on me frappe ! »

Puis il partit en courant dans sa chambre.

Stupéfait, papa dit à Mini :

« Il est complètement fou ! »

Le jeudi matin, Félix avait retrouvé son humeur habituelle. Papa fit lui aussi comme s'il avait tout oublié et dit aux deux enfants :

« Je reviens vous chercher à midi, nous irons voir maman et mamie à l'hôpital ! »

Au cours de la matinée, Mini prit un autre billet dans sa tirelire et sortit pour acheter deux bouquets de fleurs. Un gros pour maman et un petit pour mamie.

Elle était si contente de revoir sa maman qu'elle ne se disputa même pas avec Félix à propos des tâches à accomplir dans la maison. Elle lava toute seule la vaisselle du petit déjeuner, donna à manger à Max le chat et rangea un peu la salle de séjour et la chambre. Félix ne leva pas le petit doigt. Il resta vautré dans le salon à regarder un film à la télévision.

Quand papa revint à la maison à midi, Félix se mit à gémir en disant qu'il n'avait plus une seule chemise propre !

« Je vais faire une lessive ce soir, promit papa, dépêchez-vous ! Je dois retourner au bureau après l'hôpital. »

Mais dans la voiture, Félix

continua à bougonner parce qu'il n'avait pas de chemise propre pour aller voir sa mère. Papa perdit patience et s'écria :

« Ça suffit ! Tu n'avais qu'à faire une lessive ! D'habitude tu sais tout faire mieux que tout le monde ! Et tu n'es même pas capable de faire marcher une machine à laver ! »

Sur ce, Félix se mit à bouder et ne dit plus un mot, ni à papa ni à Mini.

Mais quand ils arrivèrent à l'hôpital, devant la porte de la chambre, il prit les deux bouquets de fleurs des mains de Mini, entra dans la chambre et en offrit un à maman et l'autre à mamie.

Mini remarqua que papa s'apprêtait à leur dire qui avait acheté les bouquets, mais elle le tira par la manche et chuchota :

« Laisse ! Ce n'est pas important, qui a acheté les bouquets ! »

Puis elle s'assit sur le rebord du lit de maman qui lui montra toutes ses blessures :

« Là, j'ai un petit trou ! J'ai le bras cassé ! J'ai le genou écorché ! À part ça, ça va ! »

Mamie raconta qu'elle n'allait pas trop mal non plus. Simplement, elle avait mal aux côtes quand elle riait ou quand elle éternuait. Et un peu mal à la tête !

Mini était très contente de ces nouvelles. Elle était surtout contente parce que maman avait dit :

« Je pourrai rentrer à la maison dimanche ! »

Le soir, dans son lit, Mini se dit :

« Demain, c'est déjà vendredi ! Après c'est samedi et papa est à la maison de toute façon ! Dimanche, maman revient ! Cela ne fait plus que

deux jours sans elle ! Je pourrai bien passer deux jours sans me disputer avec Félix ! Même s'il y compte ! »

Mini supporta bravement le vendredi. Elle repassa même une des chemises de Félix que papa avait lavées.

Elle se brûla un peu un doigt mais ne répondit même pas à Félix quand il ronchonna :

« Tu as fait plein de faux plis ! »

Le samedi matin, Félix fut absolument insupportable. Il

avait éparpillé ses affaires dans toute la maison : des chaussures dans l'entrée, des slips sales dans la salle de bains, des B.D. dans les toilettes, des Legos sur le tapis du salon ! Il y avait partout des verres sales dans lesquels il avait bu ! Des mouchoirs en papier dans lesquels il s'était mouché ! Et on glissait sans arrêt sur ses billes !

Or, Mini voulait que la maison soit impeccable pour le retour de maman !

Elle n'a pas cessé de dire à Félix :

« Range au moins tes affaires ! »

Mais Félix continuait de bougonner, toujours grincheux et susceptible :

« Je rangerai mes affaires quand je voudrai. C'est pas toi qui vas me commander ! »

Le samedi soir, Félix n'avait toujours rien rangé ! Il dit à papa :

« Je le ferai demain matin ! Je vais me lever très tôt !

— Comme tu veux, dit papa en bâillant, mais je te préviens, si ce n'est pas fait demain matin, gare à toi ! »

Et papa alla se coucher. Il ne s'était jamais couché aussi tôt ! Il était épuisé par tant de travaux ménagers ! Il avait fait une lessive, étendu le linge, repassé, aidé Mini à confectionner un gâteau pour maman sur lequel ils avaient écrit avec des lettres en sucre : BIENVENUE À LA MAISON !

Il avait fait les courses pour

le week-end, lavé la voiture dans la cour. Et il avait même nettoyé les vitres de la chambre !

Mini se disait : « Félix ne va sûrement pas se lever très tôt ! Il dormira encore jusqu'à midi ! Et papa qui va chercher maman à huit heures demain matin ! »

C'est ainsi que Mini se mit à ranger tout le fouillis de Félix. Il faisait complètement nuit quand elle eut enfin tout terminé mais elle était fière du résultat :

« Maman va être contente

de trouver la maison comme ça en arrivant !! »

Comme elle s'était couchée très tard, Mini ne se réveilla pas à huit heures le lendemain matin, comme elle l'avait prévu. Il était presque dix heures quand elle ouvrit un œil. Elle pensa :

« Maman doit être déjà là ! »

Elle bondit hors de son lit et courut vers le salon d'où lui parvenaient déjà les voix de maman, de papa et de Félix.

Maman disait :

« Vous vous êtes drôlement bien débrouillés tous les trois ! Je suis vraiment contente d'avoir des enfants aussi courageux ! »

Papa dit :

« C'est plutôt Mini qui a fait tout le travail ! »

Mais Félix s'écria :

« Ce n'est pas ma faute, maman ! Mini ne m'a rien laissé faire. Je voulais ! Mais elle tenait à s'occuper de tout ! »

Mini ouvrit la porte du salon et se demanda une seconde si elle courrait embrasser maman

ou si elle allait d'abord dire à Félix qu'il était le roi des menteurs !

Elle choisit d'aller d'abord embrasser maman. Très délicatement car celle-ci avait un pansement sur la tête, un pansement au genou et un plâtre au bras !

Elle entendit papa dire à Félix : « Ça vraiment, c'est le comble ! » Et Félix répondre : « Mais, papa, tu n'étais pas là, toi ! tu n'imagines pas comme elle était avec moi : Fais ceci et fais cela, et ceci, et cela !! »

Mini regardait sa mère. Elle était sans voix ! Jamais Félix ne s'était encore permis une telle insolence ! Et pourtant elle en avait vu avec lui ! Mais des comme ça, jamais !!

Maman fit un clin d'œil à Mini et dit à Félix :

« Tu as raison, ce n'était vraiment pas gentil de sa part. Mais maintenant, les choses vont changer. »

Papa fit un clin d'œil à Mini et dit à Félix :

« De toute façon, avec son plâtre et ses pansements, maman ne peut rien faire ! »

Et maman continua :

« À partir d'aujourd'hui, Félix, tu pourras tout faire tout seul. Mini ne viendra plus te commander sans arrêt, elle n'a plus le droit de toucher à rien dans la maison ! »

Félix ouvrit des yeux ronds et resta bouche bée.

« Pour commencer, tu pourrais préparer le petit déjeuner de Mini ? » suggéra papa.

Félix referma la bouche et se dirigea vers la cuisine. Au bout d'un moment, il appela Mini et lui dit :

« Tu peux venir manger, c'est prêt ! »

Et Mini se dirigea nonchalamment vers la cuisine et s'installa à table avec un grand sourire :

« Merci, Félix, c'est très gentil ! »

Mais comme Mini est une petite sœur sympa, elle ne laissa pas Félix faire tout le travail tout seul ! Elle l'aida quand même un peu ! Elle a tellement bon cœur !

Et Mini est ravie que Félix soit redevenu gentil avec elle.

Même si c'est peut-être pour ne pas devoir faire tout le travail tout seul !!

Dans la même collection…

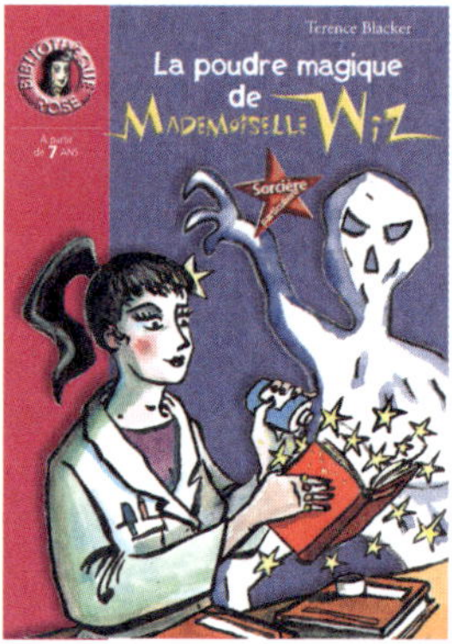

Mademoiselle Wiz,
une sorcière particulière.

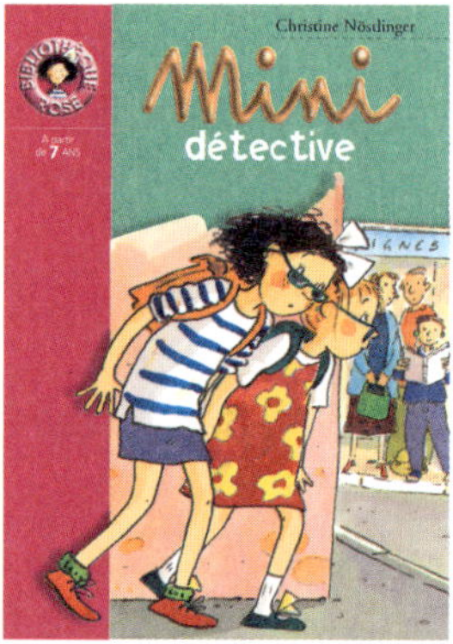

Mini, une petite fille
pleine de vie !

Fantômette,
l'intrépide
justicière.

Avec le Club des Cinq,
l'aventure est toujours
au rendez-vous.

Kiatovski,
le détective en baskets
qui résout
toutes les enquêtes.

Dagobert,
le petit roi
qui fait tout à l'envers.

Rosy et Georges-Albert,
le duo de choc
de l'Hôtel Bordemer

Avec Zoé,
le cauchemar devient
parfois réalité.

Imprimé en France par ***Partenaires-Livres*** ®
N° dépôt légal : 10495 – avril 2001
20.20.0237.03/6 ISBN : 2.01.200237.4

NOSTLINGER
MINI s'occupe de tout

US

AN